JN437932

여름의 소리

정연우 동시집
여름의 소리

초판 인쇄 2023년 12월 10일
초판 발행 2023년 12월 15일

지은이 | 정연우
펴낸이 | 김효열

펴낸곳 | **을지출판공사**

등록번호 | 1985년 2월 14일 제2-741호
주소 | 서울시 마포구 양화진길 41, 603호
Tel : 02-334-4050 Fax : 02-334-4010
e-mail : ejp4050@daum.net

값 15,000원

ISBN 978-89-7566-237-9 03810

여름의 소리

정연우 동시집

을지출판공사

■ 시집을 내면서

많은 양의 시를 써야 하니까 힘도 들고 점점 커 가면서 숙제의 양과 공부의 양이 늘어나니 시 쓰기를 소홀히 했습니다.

그러나 시의 양이 점점 늘어나는 것을 보니 뿌듯해졌습니다.

포기하고 싶은 순간들도 있었지만 포기하지 않고 계속 쓰다 보니 책이라는 좋은 결과가 나왔습니다.

처음엔 그저 귀찮은 일이었지만 포기하지 않고 열심히 하니 이런 결과가 나온 것 같습니다.

제가 백일장에 나갔을 때 저는 과연 상을 탈 수 있을까 걱정 반 기대 반이었습니다.

그리고 상을 탔을 때는 뭔가 통쾌한 느낌과 이제 끝났구나 하고 안심이 되었습니다.

그러나 막상 상을 받으러 갔을 때는 많은 사람이 보고 있다는 부담감이 곧 들었습니다. 그리고 마침내

이것마저 끝나자 걱정이 완전히 사라졌고 오히려 대단한 일에 내가 성공했다는 생각이 들며 자신감이 생겼습니다.

그래서 그 전보단 뭔가 좀 더 도전해 보고 내가 잘할 수 있단 생각이 드니까 발표도 더 잘하게 된 것 같습니다.

또 이렇게 생각해 보니 경험은 대단하다고 생각됩니다

제가 대회에 나가서 상을 탔지만, 만약 부담감을 이기지 못해서 참석하지 않는다던가 그런 선택을 했었다면 전 아직도 자신감이 없는 겁쟁이였을 것 같습니다.

그리고 지금까지 그려 왔던 그림들을 정연우 그림판에 실었습니다.

2023. 10. 23

정 연 우

차례

제 1 부 알록달록 숲

제2부 변덕쟁이 구름

제4부 여름의 소리

제5부 물살을 가르며

제6부 달걀

제 1 부

알록달록 숲

우리 동네

시끌벅적 놀이터
사뿐사뿐 산책길
활기찬 우리 동네

반가운 이웃들
언제라도 최고야

오늘은 자전거를 타고 나가볼까
오늘은 킥보드를 타고 나가볼까

친구들과 모여서
오순도순 이야기하고
재미있는 우리 동네.

꽃

어느새 예쁘게 핀 꽃

나는 노느라 못 봤지만
나는 이야기 하느라 못 봤지만

실망하지 않고 날마다
자신을 보아주길 기다리고 있던 꽃

내가 봤을 땐 조금 늦어서
시들어서
정말 미안해.

치과

치과에 간 날
무서워서 온몸을 떨며
안으로 들어갔지

이빨이 아픈 것보다도
안에서 들리는 소리가 마치 사자 같지

"윙윙, 징징"
어느새 내 차례는 다가오고
내 마음은 답답하지

이빨을 빼는데
마치 수술을 하는 것만 같지

다 빼고 나면 속이 시원하지만
다시 오긴 무섭단 말이야.

봄 날씨

꽃이 피는 따뜻한 날씨

새싹이 돋아나는 봄비

겨울이 샘을 부리는 꽃샘추위

마스크를 쓰자 황사
코가 막히네
꽃가루

내가 좋아하는 날씨는
겨울의 추위를 녹여 주는
따뜻한 날씨.

우주

끝이 없는 우주
마치 바다처럼

친구 없는 우주
마치 외톨이처럼

온통 검은색인 우주
마치 검은 도화지처럼

많은 별과 행성이 있는 우주
마치 가족이 사는 한집처럼.

– 제27회 2022 둔촌 청소년문학상 차상

수원 화성

정약용의 거중기와
백성들의 불타는 열정
걸림돌 하나 없네
백성들에게 품삯 주니
더욱 불타는 열정
내가 본 최고의 광경
보고 있다 보니
아버지가 떠올라
나도 모르게
눈물이 흐르네.

– 제27회 2022 둔촌 청소년문학상 차상

공부

놀고 싶어도
공부

학교에서도
공부

학원에서도
공부

내가 어딜 가든
내가 어디 있든

언제나 따라다니는
마음속의 스토커.

경기도의 특산물

퇴촌의 토마토는
토마토 중 제일이고

안성에서 따 온 배는
우리에게 안성맞춤

이천과 여주의 쌀은
반짝반짝 윤기 나네

경기도의 도자기는
모두에게 인정받아

경기도의 특산물
정말로 많다 많아.

알록달록 숲

알록달록한 숲
크고 작은 나무들과
초록초록한 새싹들, 고운 흙까지
온통 초록 색깔인 숲 속에 사는
여러 동물 친구들

새들이 불러 주는 노랫소리
바람에 흔들리며 부딪히는 나뭇잎 소리
왠지 더 좋은 것 같은 공기까지

이렇게 초록초록한 숲이
가을이 되면
마치 불같은 빨간 단풍잎과
노란 은행잎으로 가득 차지

또 겨울에는 눈으로 덮인
하얀 눈 마을도 있지

계절에 따라 색깔이 바뀌는 숲
오늘도 숲은 평화롭다.

머리 정원사 미용실

미용실에 들어온 나
기다릴 생각에 벌써 지치네

자리에 앉고 얼마나 지났을까
정신을 차려 보니
머리가 깔끔하네

자리에 앉고 얼마나 지났을까
정신을 차려 보니
뽀글뽀글 파마머리

우리의 머리를 아름답게
가꿔 주는 미용실
미용실은 정원사가 아닐까.

우리나라

최고의 나라
우리나라 대한민국

인터넷 빠르지
살기 편하지!
잘 배울 수도 있지

다른 나라 부러울 것 없는
우리나라
우리나라 대한민국

최고의 국가 대한민국
누가 뭐래도 최고의 나라
세계 1등 최고의 대한민국.

우리 가족

요리 짱 우리 엄마
영어 박사 우리 아빠

언제나 배려
내 동생까지

기쁠 땐 우리 모두 웃고
힘들 땐 서로 파이팅

나는 우리 가족이 제일 좋아
우리 가족 사랑해요.

동전

멋있어요 다보탑
10원
황금 들판 벼 이삭
50원
학익진으로 다 이겨 이순신
100원
장수의 상징 학
500원

여러 가지 동전들
작은 10원일지라도
작은 50원일지라도
소중한 동전인 건 틀림없다.

학교

오전 9시, 수업이 시작되고
재밌기도 하고 지루하기도 하고
시간은 가는 듯 안 가는 듯
장난을 치지

여러 가지 과목들이
1번부터 6번까지
매일 다르게 줄을 서 있고

줄 빈틈에 껴 있는 10분이
우리에게 쉬는 시간을 주지

그렇게 한 줄씩 지나가면
줄은 사라졌고
어느새 집에 도착해 있지.

방학

여행 가고 게임 하고
학원 가고 숙제 하고
시간은 빠르게 지나지

하루 이틀 사흘
어느새 방학은 녹듯이 사라지고

나는 다시
학교로 와 있다니까.

브로콜리

초록 색깔 브로콜리
나무 같기도 하고
지압 판 같기도 하고
버섯 같기도 하네

여러 음식에도 쏙쏙 들어 있단 말이지
그래서 먹어 보면

"아삭아삭" 하기도 하고
작은 알맹이들도 씹히는
브로콜리.

파도 풀

워터파크에 있는 나는
파도를 일으켜
사람들에게 재미를 주지

어떨 땐 파도를 크게
또 어떨 땐 파도를 작게

출렁출렁 쏴아쏴아
너도 같이 놀자.

자전거

4개 바퀴 4발 자전거
3개 바퀴 3발 자전거
2개 바퀴 2발 자전거

친구야 나랑
같이 탈래

너도 타고
나도 타고
또 다른 친구도 같이 타고
한 번 달려 보자

저 끝을 향해서
한 번 달려 보자.

놀이터

놀이터에 가면
그네도 있고
미끄럼틀도 있고
구름사다리도 있고
여러 가지 있지

언제 가든, 누구랑 가든
언제나 재밌는 놀이터
너도 같이 놀래.

바다

파도는 쏴아쏴아
갈매기는 끼룩끼룩
쓱 쓱쓱 모래도 밟지
재미있게 놀다 보니
어느새 점심시간
후루룩후루룩 라면 먹고
집에 가지

바다야
다시 놀러 올게.

제 2 부

변덕쟁이 구름

스티커

붙였다 떼었다
붙였다 떼었다

요기도 붙여 보고
저기도 붙여 보고

교과서에도 있고
장난감에도 있네
또 어디 있을까

선물에도 있고
상품으로도 받네
이번엔 저기에 붙여 볼까.

옥수수

비닐 같은 껍질 안에
가득 찬 노란 알갱이들

입 안에 넣어 보니
톡톡톡 터지네

그렇게 하나 둘 먹다 보면
빈 자루만 남아 있네.

물고기

물속을 '슉슉' 가르며 헤엄치는
물고기
요리조리 잘만 피하지만
물속에서 숨도 잘 쉬지만
쫓기고 쫓는 하루를 반복하는데
물고기는 안 힘들까.

나무

뿌리부터 시작해서
나뭇가지의 잎까지
크기도 하고 작기도 하고
여러 가지 모양의 잎
여러 가지 잎의 색깔

어디에서든지 볼 수 있는 나
너도 지금 날 찾아볼래.

피아노

도, 레, 미, 파, 솔……
낮은음부터
높은음까지
다양하게 소리가 나고
언제나 소리가 일정하지

검은색과 하얀색으로 건반이 있고
악보를 보며 칠 수 있는
피아노
아름다운 연주가 널 기다리고 있어.

태권도

기합 소리는 우렁차게

발차기는 힘차게

지르기는 절도 있게

품새는 멋있고 정확하게

열정적인 마음으로

오늘도 노력하자.

변덕쟁이 구름

하얀색 구름
솜사탕인지
양털인지
어떨 땐 검은색
어떨 땐 다시 하얀색
보면 볼수록
신기하단 말이지

하얀 구름 사이에서
하얀 눈이 내려오고

검은 구름 사이에서
우르르 쾅쾅 번개와
비가 내려오고

변덕쟁이인 것 같기도 한 구름은
참 신기하단 말이야.

아이스크림

뜨거운 여름에
아이스크림 한 입 베어 물면
달면서도 시원한 게
정말 최고지
그렇다고 해서
많이 먹으면
배 속에서 우르르 쾅쾅!
번개가 칠걸
뭐든지 적당한 게 좋은가 봐.

딱지

앞면과 뒷면
넘어갈 듯 말 듯
가슴이 조마조마
상대편과 나의 차례
온 힘을 다해 치고
딱지가 안 넘어가게
빌고 빌지
누가 이겼을까.

변덕쟁이 시간

똑딱똑딱
똑딱똑딱
놀 때는 빨리 가고

똑 따악
또옥 따악
공부할 땐 느리게 가고

시간도 참
시간은 변덕쟁이라니까.

도자기

곡선에서 아름답고
그림에서 정교하고
빛깔에서 곱디고운
우리 도자기

신비로운 비색의
고려청자
청백색의 아름다운
조선백자

푸르고 희어
더욱 아름다워
세계 곳곳 인정받아
우리 도자기

학이 그려져 있을까
꽃이 그려져 있을까

용이 그려져 있을까
누구도 따라 할 수 없는
우리 도자기.

가을

울긋불긋 나뭇잎
귀뚤귀뚤 귀뚜라미
파랗고 또 파란 하늘
이런 게 가을이지.

노란노란 노란 국화
윙윙윙윙 고추잠자리
흔들흔들 황금 들판
이런 게 가을이지.

생태 습지 공원

아름다운 생태계
동물들의 보금자리

금개구리 삶의 터전
고니들의 겨울 쉼터

우리 같이 지켜 나가
오랜 세월 보존하세.

-제43회 2022 경기백일장 어린이문학상 장려

눈

창밖을 봐봐
눈이 내린다

따뜻하게 입고
밖에 나가서
'뽀드득뽀드득'
'서벅서벅'
걸어봐

눈 결정은 어때
하나같이 이쁘지
눈은 참 재밌어.

플라워 혼

물강아지 플라워 혼
내가 손을 넣으면 따라오지
공격하려는 건지
쓰다듬어 달라는 건지
마음을 알 수 없단 말이지
그러고 다시 넣어 보는데
입을 열려고 하네
물려고 하는 거였구나
딱 걸렸어 플라워 혼.

이빨을 뺀 날

이빨을 빼는 것은 무섭지만
이빨을 빼고 나면 괜찮아
아프기도 하지만
시간이 지나면 괜찮아

휴지를 물고 있으면
침이 고이지만
뱉으면 괜찮아
그나저나 언제쯤
이빨을 그만 뺄 수 있는 걸까.

내 동생

나의 동생
언제나 보는 나의 동생
힘들 때나 기쁠 때나
나의 곁에 있는 동생
내가 기쁠 땐 같이 웃고
내가 힘들 땐 위로해 주고
가끔은 싸워서
서로가 정말 싫어지기도 하지만
언제 그랬냐는 듯 다시 화해하고
내 곁을 지켜 주는 나의 동생
언제나 고마워

수박 화채

수박 화채는
달콤하기도 하고
시기도 하고
정말 맛있어
국물을 한 번 마셔 보면
사이다의 톡톡 쏘는 맛과
여러 과일의 맛이 정말 정말
맛있어
내일도 먹을까.

짚라인

짚라인은 정말로 재미있단 말이지
바람처럼 "쓩" 하고 내려가고
나는 "야호" 하고 외치지

짚라인을 한 번 타면 계속 타고 싶어져
한 번 두 번 세 번
어느새 시간이 끝나가면
아쉬운 마음으로 집으로 돌아가지

"다음에 오면 백 번은 타 주겠어!"

내 생일

내 생일에 먹는 케이크
냠냠 맛있다

선물 까기 전에
내 마음은 두근두근

하나 둘 까다 보면
어느새 끝나긴 해도
역시 생일 선물은 최고야

이 자리에 온 친구들과 가족들은
특별히 더욱 최고야.

제 3 부

블루베리 속살은 연두색

빗소리

또록또록 봄비 소리

주르륵주르륵 장맛비 소리

추적추적 가을비 소리

기분 좋은 빗소리
그칠 기미는 보이질 않고

밤새 계속 또록또록
그래도 자연의 자장가 덕분에
오늘은 푹 자겠다.

놀이 블록

블록을 쌓자
블록을 쌓자

블록을 하나 놓고
그 위에 하나 더 놓고
하나하나 쌓다 보면

짜잔 성 완성
짜잔 집 완성
짜잔 탑도 완성

놀이가 끝난 뒤엔
정리를 꼭 하자.

친구

나의 소중한 친구들
나의 든든한 친구들

기쁜 일이 있으면
웃으며 서로
재밌게 이야기하고

슬픈 일이 있으면
공감하며 서로를 위로해 주는
나의 친구들
나의 최고의 친구들.

–제28회 2022 대한민국 청소년민족문화예술대전 최우수

복숭아

달콤하고 신맛
아삭하기도
부드럽기도 한
복숭아

더운 여름에 냉장고에 있던
복숭아를 잘라서
먹어 보면
시원한 게 더움을 날려 주네.

블루베리

작은 블루베리는 신맛
큰 블루베리는 달콤한 맛
작은 블루베리와
큰 블루베리를 같이 먹으면
시면서도 달콤한 맛

연두색 속살의 블루베리
먹어도 먹어도 맛있는 블루베리
너도 먹을래?

동물원

동물원에는 많은 동물과
예쁜 동물과
신기한 동물들이 한가득

작은 동물들부터
큰 동물들까지
정말 정말 많은 동물이 많으니까
꿈나라에 온 것 같아.

할머니

할머니
나를 항상 응원해 주시는 할머니
나와 내 동생을 위해
용돈도 기꺼이 주시고
힘들 때마다 응원의
메시지도 보내 주시지
우릴 위해 최선을 다해 주며
선물도 아낌없이 주시지
할머니, 언제나 감사합니다.

만화경

보면 볼수록 신기한 만화경
돌리고 흔들고 돌리다 보면
신기한 모양들이 많이도 나오지

어떨 땐 꽃 같고
어떨 땐 보석 같고
만화경은 보면 볼수록
신기하단 말이지.

외갓집

외갓집에 가면 나를 반겨 주시며
안아 주시는 외할머니
반갑게 맞이해 주시는 외할아버지
웃으면서 반겨 주는 삼촌 그리고 이모
바빠서 못갈 때가 더 많지만
그래도 갈 때마다 매번 반갑게
맞이해 주는 고마운 가족
나를 위해 무엇이든지
해 주려고 하는 고마운 가족
언제나 고마워요
다음에 또다시 올게요.

한자

하늘 천
땅 지
강 강
산 산
매우 많은 한자

계절부터 해서
날씨도 있고
또 다른 여러 가지를
나타내기도 하지

우리 주변에도 한자는 있는데
네가 한 번 찾아볼래.

비

가는 실같이 내리는 비는 실비

쨍쨍한 햇빛이 있는 날에 내리는 비는 여우비

누가 채찍을 휘두르는 것같이 오는 비는 채찍비

나무 막대기가 하늘에서 내려오는 것 같은 비는 장대비

세차게 내리다가 그치는 비는 소나기

오늘은 비가 안 왔으면 좋겠다.

외톨이

나밖에 없네
사람이 없네
계속 걸어도
사람이 없네

그냥 뛰어가자
뛰어가다 보면
힘들어져서
벤치에 앉는데
벤치에 앉아서 오늘을
돌아보다 보면
어느새 해는 지고
어느새 난 집에 와 있지.

단풍잎

빨갛게 물든 단풍잎
마치 부끄러워서
얼굴이 붉어진 친구 같네

노랗게 물든 은행잎
마치 부채처럼 넓고 둥근 게
노란 바람을 낼 수 있을 것 같네

가을이 됐음을 알려 주는 시계
단풍잎.

밴드

무늬가 없어서 심심한
일반 밴드

물에서도 끄떡없는
방수 밴드

알록달록 예쁜
캐릭터 밴드

다쳤을 때 붙이는
고마운 밴드들.

찰칵찰칵 카메라

찰칵찰칵
문화유산도 찰칵찰칵
멋진 풍경도 찰칵찰칵
기념품도 찰칵찰칵

나의 모습도 찍어 보고
너의 모습도 찍어 보고

추억을 남기자
카메라.

나비

나비야 나비야
어디로 가니

아! 꿀을 먹으러 꽃을 찾는구나

어? 나비야 나비야 이번엔 어디로 가니

아! 짝짓기하러 다른 나비를 찾는구나

어? 이번엔 또 어디로 가니

아! 알을 낳으러 가는구나

우와!
시간이 지나니 애벌레가 나왔어.

연필 깎기

"연필이 닳았네?"
"연필을 깎아야지"
"갈갈갈갈"

"안 돼!
연필이 부러졌네!"
연필 깎아야겠네
"갈갈갈갈"

연필을 다시 쓰게 해 주는 고마운 물건
연필 깎기.

비행기

'슈슈슝' 하늘의 자동차 비행기
땅에서 점점 멀어지는 비행기
얼마나 높이 올라갔을까

마치 반딧불이 같은 자동차
마치 빛나는 별들이 사는 것 같은 건물들
얼마나 빠른 걸까

어느새 목적지에 도착
언제나 즐거운 비행기 여행.

물

여름에 운동하고 먹는
시원한 물

감기에 걸렸을 때 먹는
따뜻한 물

우리가 언제나 먹는
미지근한 물

우리에게 없어서는 안 될
고마운 물.

동시

긴 동시

짧은 동시

재밌는 동시

아름다운 동시

여러 가지 동시들

너도 한번 읽어 볼래.

제 4 부

여름의 소리

김밥

참치가 들어간 참치 김밥

돈가스가 들어간 돈가스 김밥

채소만 들어간 채소 김밥

알이 톡톡 터지는 날치알 김밥

그래도 역시 가장 맛있는 건

사랑이 들어간 엄마의 김밥.

등산

언제나 설레는 등산

여러 식물과 동물이 옹기종기

산에 등산하다가

운동기구로 운동하고

꼭대기에 올라가면

"야호!" 라고 외친다.

봄

아름다운 벚꽃이 피고
노랗게 개나리가 피는
봄

흥부의 제비가 오고
겨울이 샘나
꽃샘추위가 오는
봄

봄은 좋겠다
친구가 많아서
봄이 부럽다
친구가 많아서

아름다운 사계절 중
가장 빛나는 계절
봄.

–제28회 2023 둔촌청소년문학상 차상

서커스

아슬아슬 서커스
떨어질 것 같으면서도
안 떨어지네

외발 자전거를 타고
슝슝 쓱
아슬아슬 서커스

사람 위에 사람이
계속 올라가더니
카드 탑 같은 탑 완성
아슬아슬 서커스

공 세 개로 저글링
휙휙 공중 그네
아슬아슬하게 통과하는 링까지
서커스는 이래서 본다니까.

―제28회 2023 둔촌청소년문학상 차상

지우개

쓱싹쓱싹

연필이 지워지는 마법의 지우개

어 글씨를 잘 못 썼네

지우개로 쓱싹쓱싹

어 띄어쓰기를 잘 못 했네

지우개로 쓱싹쓱싹

마법의 지우개.

여름의 소리

초록 초록 식물들
맴맴 매미들
뻘뻘 땀이 나고
신나는 물놀이도 하고
재미있는 여름

알록달록 꽃들
쌩쌩 잠자리
시원하게 수박 먹고
신나는 여름휴가
재미있는 여름.

초콜릿

달콤한 일반 초콜릿

연하게 달콤한 화이트 초콜릿

진하게 달콤한 다크 초콜릿

안에 아몬드가 들어 있는 아몬드 초콜릿

여러 가지 초콜릿.

냉장고

많은 음식이 사는 냉장고

채소도 살고
고기도 살고
냉동식품도 살고

또 여러 가지 음식이 모여
한 마을을 만드네.

피리 사탕

“삐리리 삐리리”
피리처럼 소리를 낼 수 있는 사탕
피리 사탕

피리를 불다가
먹을 수 있기까지 하니
피리 말고 피리 사탕을 써도 될 것 같은데.

달력

오늘이 3월 며칠이지

아, 맞다 내일이 학원가는 날이었나

어, 내일이 드디어 여행을 가는 날인가

이럴 땐 달력을 보고

어, 벌써 4월이네

이럴 때도 달력을 보고

우리 곁에서 날짜를 알려 주는 소중한 달력.

과일

빨갛고 동그란 사과
길쭉하고 노란 바나나
갈색이고 털이 있는 키위
주황색인 귤과 오렌지
뾰족뾰족한 파인애플

여러 가지 과일들
자두 빛이 도는 자두
딱딱하기도 부드럽기도 한 복숭아
빨갛고 끝이 뾰족한 딸기
여러 가지 과일들.

샐러드

맛있는 샐러드
여러 채소와
여러 과일이 들어 있는
달기도 하고 시기도 한
샐러드
소스도 뿌리면
더욱 맛있네.

모자

어, 머리가 떠 있네
모자를 써야지

어, 안 돼
머리를 깎았는데
머리가 이상하잖아

모자를 써서 머리를 가려야지

이럴 땐 모자를 쓰고 다니고
모자는 참 멋져.

김

'바스락바스락'
김 먹는 소리

고소하고 짭짤한 김
언제 먹어도 맛있는 김

밥에 싸서도 먹고
여러 가지 재료를 넣어 김밥도 만들고

내일 아침엔 김밥을 먹어야겠다.

라디오

"지지직 지지직"
"오늘 날씨를 알려 드리겠습니다"

라디오가 시작한다!
"지지직"

지지직 지지직
재밌는 라디오.

책

역사가 담긴 역사책

과학이 담긴 과학책

만화가 담긴 만화책

동화가 담긴 동화책

소설이 담긴 소설책

여러 가지 단어가 담긴 사전

설명이 있는 설명서

우리 주변에 있는 여러 가지 책들.

구슬치기

구슬을 쳤는데
구슬이 남의 집 대문을 넘었네

겨우 구슬을 주웠는데
이번엔 연못에 들어가네

'어쩔 수 없지' 라고 생각하고
밤에 "다시는 이제 구슬치기 안 해!" 라고 말해 놓고선

다음 날
구슬을 들고 집 밖을 나가네.

사탕

시원한 목캔디
달콤한 일반 사탕
안에 초콜릿이 들어 있는 초콜릿 사탕

달콤한 사탕 친구들
목 아프면 목캔디
먹고 싶을 때 일반 사탕

초콜릿을 먹고 싶을 때 초콜릿 사탕
달콤한 사탕 친구들.

레일 썰매

썰매를 가지고 힘들게 올라가서
내려오면 “야호!” 하고 외쳐지네

또 올라가서 내려오고
또 올라가서 내려오고

너무 재밌단 말이야.

한글

우리나라의 자랑스러운 보물
한글

여러 가지 단어가 있는
한글

쓰기도, 읽기도 편한
한글

너도 배우고
나도 배우고
쉽기 쉽게 배우고

최고의 언어 한글
너도 한번 배워 볼래.

눈 오는 날

눈이 오는 날
부츠를 신고 기대에 찬 마음으로 나가 보면
밖은 이미 새하얀 다른 세계

눈사람을 만들고
눈싸움도 하고
신나게 놀고

집에 돌아가
몸을 데우면서 생각하면
최고의 하루는 오늘인 것 같네.

제 5 부

물살을 가르며

지층

어, 줄무늬다
어, 가까이 가서 보니
층층이 쌓여 있네

마치 샌드위치 같다

모래, 진흙 등으로 만든 샌드위치
지층.

피젯 스피너

'빙빙빙' 돌아간다
'휭휭휭' 바람 소리도 나네
재밌는 피젯 스피너

돌리고 돌리고 돌리자
왼손으로도 돌리고
오른손으로도 돌리고
정말 재미있어.

내 방

멋진 내 방
조금은 어질러져 있어도
멋진 내 방
하얀 책상과 의자

예쁜 침대
누가 뭐라 해도
멋진 내 방.

수영

‘어푸어푸’ 수영
조금은 힘들어도
조금은 무서워도
재밌는 수영

물살을 가르며
앞으로 나아가다 보면
수영이 끝나고

수영장을 보다 보면
나와서 머리를 말리다 보면
다시 하고 싶어지네.

남한산성

높게 높게 차곡차곡
빈틈없이 차곡차곡
돌을 쌓고 쌓아
드디어 완성했네

적의 침입 막아막아
전쟁에서 이겨이겨
철벽 방어 남한산성
그 무엇도 못 따라와

세월이 흐르고 흘러
전쟁과 역사 속에
무너지지 않고
자리 지킨 남한산성

우리를 언제나 지켜 준
든든한 우리 친구
남한산성.

-2023 경기도청소년백일장 최우수

삶의 터전 지구

끝이 없는 바다
깊고 얕은 바다
크고 작은 육지
높고 낮은 육지
하늘 위의 공기
우리 모두의 고향
지구

동식물이 이뤄 내는
멋진 자연환경
우리가 만들어 낸
근사한 인공 건축물

멋진 지구
우리가 지켜야 할
우리 모두의 터전
지구.

마음대로 구름

마음대로 구름
양 떼 모양으로 변하기도
별 모양으로 변하기도
원 모양으로 변하기도
마음대로 자유자재
구름

비도 내리고
우박도 내려 주는
신기한 구름

앞으로도 함께하자.

가족

행복할 땐 웃어 주고

슬플 땐 위로해 주고

따뜻하게 감싸 주고

따뜻하게 안아 주고

가끔은 싸우지만

언제라도 화해 환영

절대 떨어지지 않는 가족

영원히 함께해요.

오뚜기

쓰러져도 일어나고
던져도 일어나고
굴려도 일어나고
발로 차도 일어나지

언제나 일어나는 모습이
부모님의 모습을 떠올리게 하네.

국어사전

이게 뭐지 이게 뭐지
궁금할 땐
국어사전 찾아봐요

저건 뭐고 이건 뭐지
국어사전 찾아봐요

궁금할 땐 언제든지
국어사전 찾아봐요.

용돈

"우와 용돈이다!"
내가 받은 용돈
아낌없이 쓴다

줄고 또 줄어서
사라져 버린다

"와! 용돈이다!"
내가 받은 용돈
아끼고 아낀다

아끼고 아낀 용돈
이번엔 살아남았다.

줄넘기

100, 200, 300
400, 500, 600……
뛰고 또 뛰는 줄넘기
뛰고 뛰는 줄넘기

줄을 넘고 수를 세고
키가 쑥쑥
살은 쏙쏙
즐거운 줄넘기.

바다에서

푸른 바다

노란 모래

울렁울렁 파도도 치고

질퍽질퍽 젖은 모래

끝도 없이 펼쳐져

형형색색 생물들도 있는

푸른 바다.

여름은

초록초록 식물들

맴맴 매미들

윙윙 모기들

뻘뻘 땀이 나고

첨벙첨벙 물놀이 하고

재미있는 여름.

사진 찍기

찰칵찰칵 예쁜 사진

찰칵찰칵 멋진 사진

찰칵찰칵 찍어찍어

예쁜 추억으로 남네

오늘은 어떤 사진을 누구와 찍을까.

다육 식물

여러 가지 다육 식물

나무 같은 다육 식물

꽃 같은 다육 식물

가시가 나 있는 다육 식물

여러 가지 다육 식물들.

망고

시원하고 달콤한 망고

시기도 하고 달기도 하고

먹어도 먹어도 계속 먹고 싶은 망고

망고의 시원함과 달콤함은

잊을 수 없는 맛.

과목

글을 쓰고 고치고 국어
계산한 뒤 확인하고 수학
생활 속에서 생각해 보는 도덕
역사를 배우자 사회
랄랄라 랄랄라 음악
뛰고 달리는 체육
듣고 말하는 영어

자유롭게 창의적 체험활동
장구로 쿵더쿵 동아리 활동
재미있는 과목들.

스키

왼발과 오른발에
스키를 끼고
눈으로 덮인 내리막길을
왼쪽으로 갔다가 오른쪽으로 갔다가
내려간다

다리를 A자로 만들어
멈추기도 하고
초급, 중급, 상급 코스를 내려가자
타도 타도 재밌는 스키.

제 6 부

달 걀

장구

딱쿵 쿵딱쿵

채 2개로

왼쪽으로 쳤다가

오른쪽으로 쳤다가

쿵구구구궁 딱 소리 내며

흥을 돋우네.

메타버스

상상을 현실로 구현해
메타버스

몇 초 안에 빠르게 이동해
메타버스 안에서

낚시도 하고
놀이 기구도 타고
물건도 사고

상상을 현실로 메타버스
이번엔 또 뭘 해 볼까.

공

발로 차기도
물건으로 세게 치기도
힘껏 던지기도
크기도 하고
작기도 한
공

굴리기도
높게 띄우기도
물건을 맞추기도 한
공.

환경오염

풍부하던 호수의 물이 마르고
북극의 얼음이 모두 녹고
연못은 초록빛
하늘은 노란빛
사막은 늘어만 간다

지구는 지금도 말하고 있다
살려 달라고
제발, 제발 좀 살려 달라고.

산불

무심코 날아온 불의 씨앗
산불은 나무에 나무를 타고
산을 빨갛게 물들여 나간다

걷잡을 수 없이 커진 불꽃
많은 생물의 터전과
생명을
저승사자처럼 앗아 간다

얼마쯤 지났을까
아름다운 산은
하얗게 물들어 버린
무덤이 되어 있다.

시험을 보는 마음

두근두근 콩닥콩닥 조마조마

설레는 마음 가득 안고
시험장에 들어간다

온통 낯선 사람들뿐이지만
모두 나를 보는 듯한 느낌

시험이 끝나고 나면
나의 걱정과 근심을
던 느낌

점수가 잘 나오기만을
바란다.

인공위성

지구의 주위를 돌고 돌아
몇 년 몇십 년 몇백 년을
돌고 또 도는 나는
인공위성

우주라는 도로에서
마음껏 달리다가도
사고 안 나게 조심

오늘도 난 돌고 또 돌지

언제쯤 다시 지구로
돌아갈 수 있을까.

달

깜깜한 어둠 속 빛나는 달

어두운 도화지 같은 하늘을

은은한 불빛으로 채워 주네

마치 반딧불이처럼

밝았다가 둥글었다가

하얀 점토처럼

자유자재

달.

색종이

형형색색 색종이
자르기도 하고
접기도 하고

잘라서 예쁜 모양을 만들지
접어서 멋진 모형을 만들지

꽃처럼도 접고
학처럼도 접고 오늘은 뭘 만들까.

달걀

흰자라는 땅 위에
노른자라는 빛나는 도시

하얀 구름 같은 흰자에
둘러싸여 있는
둥근 해 같은 노른자

구워서도 먹고
삶아서도 먹고
오늘은 어떻게 요리할까.

통일

우리나라 대한민국
통일의 꿈 이룬다면
이산가족들이 만나고
영토가 훨씬 넓어질 텐데

통일의 꿈 이룬다면
자원이 훨씬 많아지고
일이 더 수월하게 풀릴 텐데

우리가 독립하고
오랜 시간 동안
이루지 못했던 꿈
언제쯤 이뤄질까
남북 통일

언젠가 올 그날까지
힘차게 달려 나갑니다

언젠가 이뤄질 그날까지
힘차게 뛰어나갑니다.

-제29회 2023 대한민국 청소년민족문화예술대전
최우수상

우리 고장

꽃샘추위에
손을 호호 불며 걸었던
물안개 공원

더운 여름날
가족과 함께 간
천진암 계곡

단풍이 곱게 물든 가을날
할머니와 갔었던
남한산성

새하얀 겨울에
눈사람을 만들었던
우리 집

여기저기 둘러보면
좋았던 기억이 한가득
내가 좋아하는
우리 고장.

배드민턴

탕 탕 탕 배드민턴

왼쪽으로 줬다가
오른쪽을 줬다가

짧게 주기도 하고
멀리 주기도 하고

내가 이기나
상대가 이기나
배드민턴.

나의 여름

햇빛이 쨍쨍한 여름날
친구들과 남한산성에 올랐다

누가 먼저 올라가나
땀을 뻘뻘 흘리며
뛰어서도 가고
오순도순 이야기하며
걷기도 하고

키 큰 나무들이 만들어 준
시원한 그늘에 앉아
시원한 물 한 모금

정상에서 내려다보았던
우리 고장
잊을 수 없는
여름날의 추억.

여행

드디어 얼마 남지 않은 여행
다시 두근두근 설레기 시작한다

어느새 여행 가방은 펼쳐져 있고
짐이 싸지기 시작하네

하루, 이틀, 사흘, 나흘……
드디어 손을 꼽아 기다리던
목 빠지게 기다리던 여행이
벌써 코앞으로 다가와 있네

그렇게 기다리고 기다리던
여행
이제 출발해 볼까.

이 닦기

물은 끼얹은 칫솔에
치약을 쭈우욱 짜서
치카치카 이 닦기 시작

하루에 3번
식후 3분 이내에
3분 이상
333 법칙

오늘도 칫솔을 꺼내 들며
다시 깨끗하게 닦아 볼까.

어두컴컴 심해

어두컴컴 심해
너무너무 어두워서
마치 깜깜한 우주 같기도 하고
마치 검고 검은 도화지인 것 같기도 하고
그런 심해에도
내려가고 내려가고 내려가다 보면
빛과 산소는 점점 사라지는데도
압력이 점점 우릴 누르는데도
투명하고 투명한 생물들이
깊고 깊은 이곳에 살고 있지
어두컴컴한 심해는
보면 볼수록 신기하단 말이지!

포도

작은 나무 같은 가지들에
주렁주렁 매달린 포도 알갱이들

그리고 다시 포도나무에
또 주렁주렁 매달려 있는 포도송이들

보라색의 일반 포도
연두색의 씨 없는 청포도

구슬 같기도 대포알 같기도 한
포도를 먹어 보면 달고 또 달달하지
너도 포도 한 송이 먹어 볼래.

비빔밥

여러 가지 재료들이 섞인
우리나라의 전통 음식 비빔밥

콩나물, 고사리 여러 나물과
밥과 계란 프라이, 고추장 등으로 만들어진
맛있는 비빔밥
돌솥에 담긴 돌솥비빔밥
산나물로 만든 산채비빔밥
멍게 젓갈로 만든 거제 멍게비빔밥 등

종류도 다양해, 맛도 좋아, 영양분도 가득
우리나라의 전통 음식 비빔밥
오늘은 비빔밥을 좀 먹어 볼까.

밤과 낮

–정연우 그림판

정연우

정연우 가족

우리 집에 놀러와

초코릿가계

12

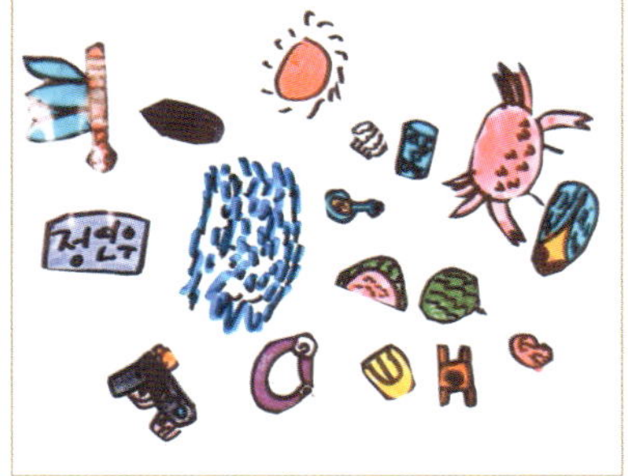
정연우

부끄럼이 많고 장난끼가 많다.

미래
과거
관계자외
출입금지
3층

Water

몬드리 안 버거세트
18000

13층 나무집
보건실
구급상자

제22-03호

상 장

초등부 차상 정 연 우 (범천초5)

이 사람은 둔촌 선생의 효행과 충절심을 기리며 청소년의 문학적 기량을 발굴하기 위해 본회가 주최하고 한국문인협회 성남지부가 주관했으며 광주이씨 대종회와 한국작가협회가 후원한 제27회 둔촌 청소년 문학상 공모전에서 위와 같이 입상하였기에 이 상장과 장학금을 드립니다.

2022년 6월 11일

사단법인 한국문인협회 경기도지회
지회장 이 예 지
명예회장 김 건 중

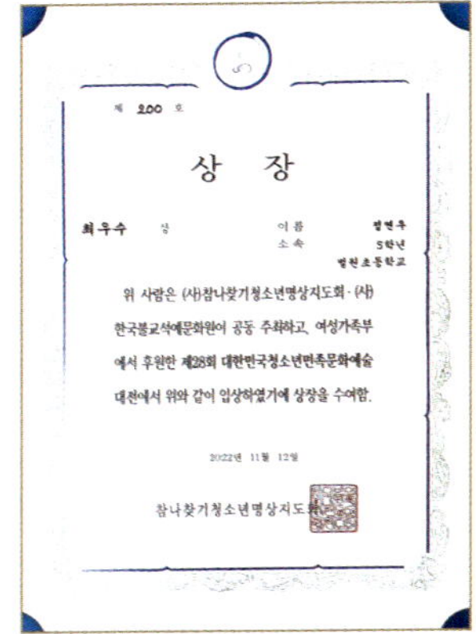

제 200 호

상 장

최우수 상 이름 정연우
소속 5학년 범천초등학교

위 사람은 (사)참나찾기청소년명상지도회·(사)한국불교석예문화원이 공동 주최하고, 여성가족부에서 후원한 제28회 대한민국청소년민족문화예술대전에서 위와 같이 입상하였기에 상장을 수여함.

2022년 11월 12일

참나찾기청소년명상지도회

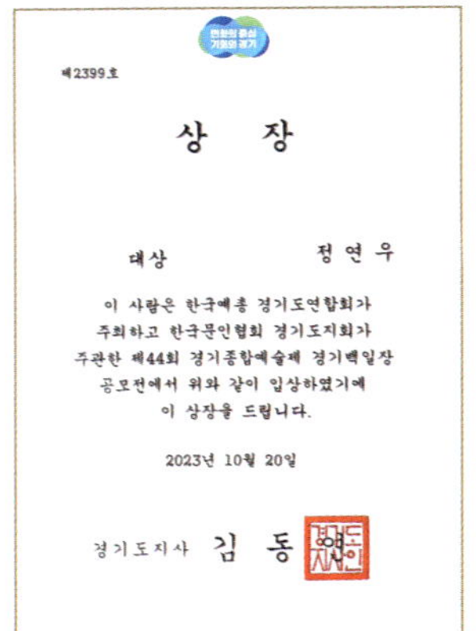

제2399호

상 장

대상 정 연 우

이 사람은 한국예총 경기도연합회가 주최하고 한국문인협회 경기도지회가 주관한 제44회 경기종합예술제 경기백일장 공모전에서 위와 같이 입상하였기에 이 상장을 드립니다.

2023년 10월 20일

경기도지사 김 동 연

제2022-28호

상 장

초등부 장려 정 연 우 (범천초5)

이 사람은 한국예총 경기도연합회가 주최하고 한국문협 경기도지부가 주관한 제43회 경기종합예술제 경기백일장 공모전에서 위와 같이 입상하였기에 이 상장을 드립니다.

2022년 10월 21일

사단법인 한국문인협회 경기도지회
지회장 이 예 지
명예회장 김 건 중

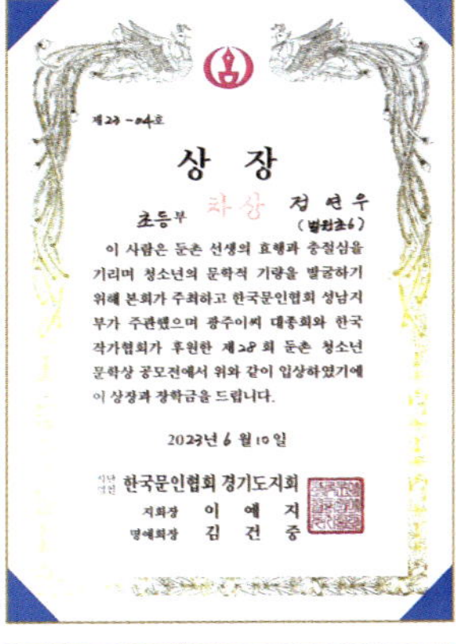

제23-04호

상 장

초등부 차상 정 연 우 (범천초6)

이 사람은 둔촌 선생의 효행과 충절심을 기리며 청소년의 문학적 기량을 발굴하기 위해 본회가 주최하고 한국문인협회 성남지부가 주관했으며 광주이씨 대종회와 한국작가협회가 후원한 제28회 둔촌 청소년 문학상 공모전에서 위와 같이 입상하였기에 이 상장과 장학금을 드립니다.

2023년 6월 10일

사단법인 한국문인협회 경기도지회
지회장 이 예 지
명예회장 김 건 중

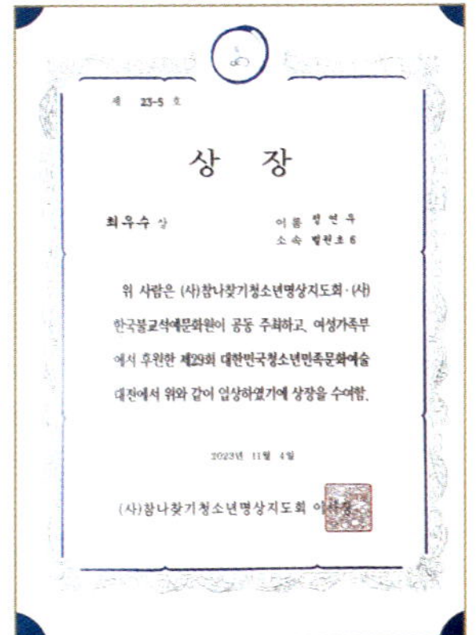

제 23-5 호

상 장

최우수 상 이름 정 연 우
소속 범천초 6

위 사람은 (사)참나찾기청소년명상지도회·(사)한국불교석예문화원이 공동 주최하고, 여성가족부에서 후원한 제29회 대한민국청소년민족문화예술대전에서 위와 같이 입상하였기에 상장을 수여함.

2023년 11월 4일

(사)참나찾기청소년명상지도회